BAUSTEINE

Trainingsheft
Rechtschreibstrategien

4

Erarbeitet von

Matthias Greven und
Hans-Peter Schmidt

Diesterweg
westermann

Inhalt

Schwingen und deutlich sprechen

Silben sprechen und Wörter trennen

Wie kann ich einzelne Laute in Wörtern deutlich hören?

Ich spreche die Wörter in Silben. Dabei klatsche, schwinge, schreite oder hüpfe ich: Kind – Kin der

Ich verbinde die Silben, die zu einem Wort gehören, mit Trennstrichen.

Kin-der

Schildkröte	_____	Nasenbär _____
Honigbiene	_____	Hausschwein _____
Osterei	_____	Schimpanse _____
Gänseblümchen	_____	Kaninchen _____

① Sprich die Wörter in Silben.

② Schreibe die Wörter in Silben mit Trennstrichen auf.

- -

STOFF   TIER   BILD   BAND   WURM   LOCH
RING   BUCH   STRAND   SAND   BURG   HERR

③ Verbinde immer zwei Silben zu einem Wort.

Stoff-tier, Tier-_____

_____

_____

④ Schreibe die Wörter in Silben mit Trennstrich auf.

Ich kann in Silben sprechen und Wörter trennen.

– Wörter strukturieren: Silben
– Sprechsilben und Schreibsilben unterscheiden
– Worttrennung am Zeilenende anwenden

– SB, Seite 125

3

Wörter mt silbentrennendem h schreiben

Warum gibt es das silbentrennende h?

Es trennt zwischen zwei Silben die Vokale: ge h en

Es steht immer am Beginn der nächsten Silbe.

sehen	stehen	früher	ziehen
drehen	Schuhe	blühen	zählen
mähen	Zehen	geschehen	Kühe
nähen	fühlen	nahe	gehen

(1) Sprich die Wörter in Silben. Trage die Silbenbögen ein.

(2) Markiere das h, das die zwei Vokale zwischen den Silben trennt.

Tru e	re den	Kö nig	frü er	dro en
flie en	Hö e	to ben	sa gen	Re e
Schu e	Zie gel	lei en	kau fen	Krä e
we en	Kä se	Flö e	nä er	dun kel

(3) Markiere die Wörter, in denen das silbentrennende h fehlt.

---

(4) Schreibe die Wörter mit silbentrennendem h richtig auf.

Ich kann Wörter mit silbentrennendem h schreiben.

– Rechtschreibstrategien verwenden: Schwingen
– über Fehlersensibilität verfügen
– Rechtschreibwissen anwenden

– SB, Seite 60, 63
– ÜH, Seite 39, 42

Wörter mit -b/-p, -d/-t, -g/-k am Ende richtig schreiben

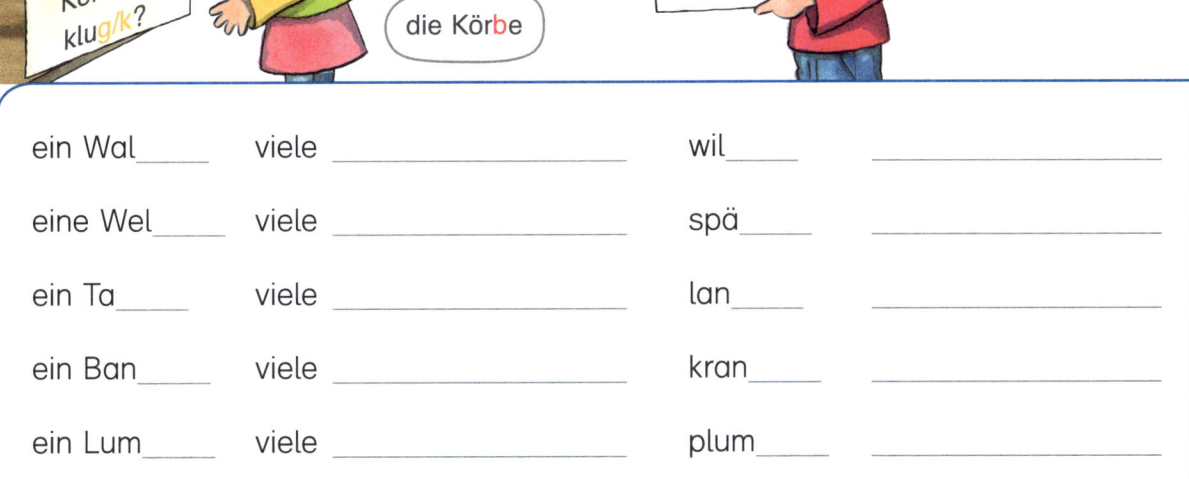

ein Wal_____   viele _____   wil_____   _____

eine Wel_____   viele _____   spä_____   _____

ein Ta_____   viele _____   lan_____   _____

ein Ban_____   viele _____   kran_____   _____

ein Lum_____   viele _____   plum_____   _____

ein Kal_____   viele _____   tau_____   _____

① Sprich und schreibe die Wörter in der Verlängerung.

② Trage den fehlenden Buchstaben am Wortende ein.

b oder p?	Gi_____ her! _____	Pie_____ einmal! _____	Hu_____ laut! _____	Pum_____ voll! _____
g oder k?	Trin_____ aus! _____	Zei_____ mal! _____	Stei_____ ein! _____	Le_____ dahin! _____
d oder t?	Hal_____ fest! _____	Re_____ leise! _____	Schnei_____ ab! _____	Bin_____ fest! _____

③ Schreibe die Verben in der Grundform auf.
   Trage den fehlenden Buchstaben ein.

Ich kann Wörter verlängern und den Laut gut hören.

– Rechtschreibstrategien verwenden: Wörter verlängern
– Prinzip des Verlängerns kennen und anwenden
– über Fehlersensibilität verfügen

– SB, Seite 24
– ÜH, Seite 15, 18

5

Verben mit b/p, d/t, g/k im Wort richtig schreiben

Er läd/tt ein.
Sie lieb/pt es.
Es lieg/kt da.

Man muss die Grundform kennen:
einladen – lädt ein
lieben – liebt
liegen – liegt

Er lädt ein.
Sie liebt es.
Es liegt dahinten.

| loben | binden | hupen | pumpen | braten | lenken | sagen | bringen |

1 Trage Silbenbögen ein.

Markiere den ersten Konsonanten in der zweiten Silbe.

_____

_____

2 Schreibe die Verben in der Personalform mit **er**, **sie** oder **es** auf.

Er gi_____t.		Sie fra_____t.	
Sie le_____t.		Er fe_____t.	
Er pro_____t.		Sie tan_____t.	
Es pu_____t.		Es klin_____t.	
Es qua_____t.		Er schen_____t.	
Es kle_____t.		Es trin_____t.	

3 Wie heißen die Wörter? Schreibe die Grundform auf.

4 Trage die fehlenden Buchstaben ein.

Ich kann Verben mit b/p, d/t, g/k im Wort
richtig schreiben.

– Rechtschreibstrategien verwenden: Wörter verlängern
– Inlautverhärtung bei Verben in der Personalform erkennen
– Grundform der Verben finden

– SB, Seite 24, 73
– ÜH, Seite 15, 18

Zusammengesetzte Wörter richtig schreiben

Aus welchen Wörtern ist das Wort zusammengesetzt?

Zwerg/khase → Zerg/k + Hase

Verlängern ist hier wichtig:
die Zwerge – der Zwerg

Wanduhr	Nordpol	Saftflasche	Luftpumpe
Raubkatze	Staubwolke	Piepmatz	Korbstuhl
Bergspitze	Fangnetz	Musikinstrument	Funkuhr

1 Trenne die zusammengesetzten Wörter mit Strichen ab.

_____

_____

_____

2 Verlängere das erste Wort und schreibe es auf.

Zang/kapfel		Sting/ktier	
Käfig/ktür		Ring/kfinger	
Raup/bvogel		Korp/bball	
Laup/bsauger		Pump/bstation	
Süd/tkurve		Herd/tplatte	
Punkd/tzahl		Markd/tplatz	

3 Welcher Buchstabe ist richtig?
Schreibe die Verlängerungen auf und markiere den passenden Buchstaben.

Ich kann zusammengesetzte Wörter
zerlegen und verlängern.

– Rechtschreibstrategien verwenden: Wörter verlängern
– Inlautverhärtung bei Komposita erkennen
– Wörter in Bestandteile zerlegen

– SB, Seite 24, 49
– ÜH, Seite 15, 18

7

Wörter mit -s und -ß am Ende richtig schreiben

s oder ß?

Verlängere das Wort.
Klingt der s-Laut wie in **Wiese** oder wie in **Straße**?

Gläser → Glas
Späße → Spaß

Gla____
Spa____

Strau⬤   Lo⬤   gro⬤   Fu⬤   Krei⬤   Auswei⬤

1 Verlängere die Wörter. Klingt der s-Laut wie in **Wiese** oder wie in **Straße**?

	→	
	→	
	→	
	→	
	→	
	→	

2 Schreibe erst die Verlängerungen und dann die Wörter mit s oder ß auf.

- -

Glei⬤   Gefä⬤   die⬤   fie⬤   Ei⬤   Prei⬤   hei⬤
sü⬤   Gru⬤   Mau⬤   Sto⬤   Flei⬤   farblo⬤   Ga⬤

3 Schreibe die Wörter auf.

Ich kann Wörter mit s und ß am Ende richtig schreiben.   ☺

– Rechtschreibstrategien verwenden: Wörter verlängern
– stimmhafte und stimmlose Konsonanten unterscheiden
– Lautqualität unterscheiden: s-Laut am Wortende

– SB, Seite 84, 87
– ÜH, Seite 55, 58

Wörter mit ä und e richtig schreiben

Be/äcker?

Gibt es ein verwandtes Wort mit **a**?
Dann schreibt man **ä**:
backen → Bäcker

Wer ein Wort nicht schreiben kann, schaut sich die Verwandten an.

n___her	K___tzchen	b___sser	Gel___nde	erz___hlen
K___tte	w___rmend	H___rte	g___lb	Vors___tze
erk___lten	Gesch___ft	l___nger	l___bendig	S___ngerin

(1) Trage ä ein, wenn du ein verwandtes Wort mit a findest.

W●lt	G●rtner	H●md	●rmel	R●gen	Qu●lle	fr●md	J●ger
sch●nken	gesch●lt	Tr●nnung	zuverl●ssig	●lf	kr●ftig	●ltern
Tr●ppe	Vorg●nger	●rzte	W●sche	st●rker	f●rben	Getr●nk

Ä/ä	
E/e	

(2) Entscheide, ob du ä oder e einsetzen musst. Schreibe die Wörter auf.

Ich kann Wörter mit ä/e richtig schreiben.

– Rechtschreibstrategien verwenden: Wörter ableiten
– Prinzip der Stammschreibung nutzen: Wörter mit ä/e
– Wortverwandtschaft beachten

– SB, Seite 72
– ÜH, Seite 47

9

Wörter mit äu und eu richtig schreiben

Gibt es ein verwandtes Wort mit **au**?
Dann schreibt man **äu**:
bauen → Gebäude

Wer ein Wort nicht schreiben kann, schaut sich die Verwandten an.

Gebäu/eude?

Geb___de   ___ropa   br___nlich   anh___fen   ___le   n___er

vort___schen   Fr___de   Gem___er   r___mlich   h___slich

s___bern   unverk___flich   r___chern   Ger___sch   fr___ndlich

---

(1) Trage äu ein, wenn du ein verwandtes Wort mit au findest.

- -

Kr●z   bl●lich   St●er   Tr●merei   l●chten   bet●ben   n●gierig

sch●men   vorl●fig   Ef●   H●ptling   Str●ßchen   B●le   R●ber

Verk●fer   d●tsch   N●igkeit   Werkz●g   M●te   L●fer   einz●nen

---

Äu/äu	
Eu/eu	

(2) Entscheide, ob du äu oder eu einsetzen musst. Schreibe die Wörter auf.

Ich kann Wörter mit äu/eu richtig schreiben.

– Rechtschreibstrategien verwenden: Wörter ableiten
– Prinzip der Stammschreibung nutzen: Wörter mit äu/eu
– Wortverwandtschaft beachten

– SB, Seite 72
– ÜH, Seite 47

Wörter mit doppeltem Konsonanten schreiben

Ist der Vokal kurz? Hörst du danach nur einen Konsonanten?

Dann musst du ihn verdoppeln: Nuss

Nus/ss?

(1) Finde mit der Armprobe die Wörter mit langem Vokal.
Streiche sie rot durch.

(2) Bei welchen Wörtern folgen auf den kurzen Vokal zwei Konsonanten?
Streiche sie grün durch.

_____

_____

_____

(3) Schreibe die restlichen Wörter richtig auf.

- -

Stop/pp   Glas/ss   Brot/tt   Hef/ffte   Pas/ss   Saf/fft   Nar/rr   Rin/nng   As/sst
Wan/nnd   Kam/mm   Libel/lle   Vas/sse   Kof/ffer   Schran/nnk   Hut/tt   Schlos/ss

(4) Kreise die richtigen Buchstaben ein.

Ich kann Wörter mit doppeltem Konsonanten schreiben.

– Rechtschreibstrategien verwenden: Vokallänge prüfen
– lange und kurze Vokale unterscheiden durch kontrastives Sprechen
– Rechtschreibwissen anwenden

– SB, Seite 48, 129
– ÜH, Seite 31, 83

11

Wörter mit ck schreiben

Ich höre nach dem kurzen Vokal nur k.

Das k wird nicht verdoppelt. Man schreibt ck.

Schnecke

~~Schnekke~~

1 Bei welchen Wörtern hörst du nach dem kurzen Vokal
nur einen Konsonanten? Kreise sie ein.

_____

_____

2 Schreibe die Wörter mit ck auf.

- -

di___	Bä___er	a___tiv	stri___en	Ta___t	le___er
inta___t	dre___ig	Sto___	pa___en	Proje___t	kle___ern
e___ig	Mü___e	le___en	stri___t	Di___tat	la___ieren
schi___	exa___t	Be___en	drü___en	Konfli___t	Pa___t

3 Setze ck oder k ein.

Ich kann Wörter mit ck richtig schreiben.

– Rechtschreibstrategien verwenden: Vokallänge prüfen
– lange und kurze Vokale unterscheiden
– über Fehlersensibilität verfügen

– SB, Seite 129
– ÜH, Seite 83

Wörter mit tz schreiben

Ich höre nach dem kurzen Vokal nur z.

Das z wird nicht verdoppelt. Man schreibt tz.

K̶a̶z̶z̶e̶

Katze

Spi●e	Ka●e	Bli●	Kau●	Scha●	Hei●ung
Si●	Me●ger	Mie●e	Mü●e	Ne●	Bre●el

1 Welche Wörter haben einen kurzen Vokal? Kreise sie ein.

_____

_____

2 Schreibe die Wörter mit tz auf.

- -

schma___en	Schli___	bli___en	pla___en	Ri_____	we____en
Sa____	Wi___	Pla____	fe____en	si____en	fli___en
Schu____	pe___en	Schmu____	Spa_____	kra____en	schwi_____en
Schwa____	Nu____	Si____	ra____en	se_____en	Pu_____

3 Markiere immer vier Reimwörter mit der gleichen Farbe.

4 Ergänze die fehlenden Buchstaben

Ich kann Wörter mit tz richtig schreiben.

– Rechtschreibstrategien verwenden: Vokallänge prüfen
– lange und kurze Vokale unterscheiden
– über Fehlersensibilität verfügen

– SB, Seite 129
– ÜH, Seite 83

13

Wörter mit chs üben

Was ist das Besondere an Wörtern mit chs?

Die Wörter mit chs musst du dir gut merken. Übe sie regelmäßig.

> Erwachsene Fuchsschwanz Büchse Wechsel Sparbüchse aufwachsen wuchs
> ausgefuchst wächst Sechseck Einachser Wechselgeld Achse Spiegelachse
> Fuchs ausbüchsen einwechseln Verwechslung sechs Füchsin Teebüchse
> Wachstum sechseckig Gewächs Wortwechsel Sechserpack Nachwuchs

1 Unterstreiche Wörter, die zur gleichen Wortfamilie gehören, mit der gleichen Farbe.

2 Markiere in allen Wörtern das chs.

- -

> sechs   Gewächs   Lachs   Fuchs   Ochse   Eidechse
> Wachs   Achsel   verwechseln   wachsen   Luchs   Achse

größer werden: _____

nach fünf kommt _____

listiges Raubtier mit buschigem Schwanz: _____

männliches Rind: _____

wandert die Flüsse aufwärts: _____

Kriechtier: _____

Kerzen sind aus _____

eine Pflanze ist ein _____

etwas vertauschen: _____

3 Löse das Rätsel und schreibe die Wörter auf.

> **Ich kann Merkwörter mit chs schreiben.**   ☺ ☺ ☺ ☹

– Rechtschreibstrategien verwenden: Merkwörter üben
– rechtschreibwichtige Wörter normgerecht schreiben
– Übungsformen selbstständig nutzen

– SB, Seite 25

Wörter mit ä üben

Warum muss ich diese Wörter mit ä üben?

Sie haben keinen Verwandten mit a. Merke sie dir gut und übe sie regelmäßig.

M d c ä n h e	e t G r ä	g S ä e	ä s p t	r m L ä
u h n f ä g e r	w h ä d r e n	Ä g r e r	c h M ä e n r	z ä M r

---

1 Welche Wörter wurden hier verrätselt?
Schreibe sie richtig auf und markiere ä.

- -

		Seite			Seite
		Seite			Seite
		Seite			Seite
		Seite			Seite

2 Schreibe die Wörter richtig auf.

Achtung, ein Wort wird nicht mit ä geschrieben.

3 Kontrolliere die Wörter mit dem Wörterbuch.
Notiere die Seitenzahl, auf der du das Wort gefunden hast.

Ich kann Merkwörter mit ä schreiben

– Rechtschreibstrategien verwenden: Merkwörter üben
– rechtschreibwichtige Wörter normgerecht schreiben
– Übungsformen selbstständig nutzen

– SB, Seite 37

15

Wörter mit cks üben

Was ist das Besondere an Wörtern mit cks?

Die Wörter mit cks musst du dir gut merken. Übe sie regelmäßig.

K	X	W	Z	L	K	K	N	A	C	K	S	E	N	Ö	D	W	N	V
L	O	R	J	Q	N	P	H	I	N	T	E	R	R	Ü	C	K	S	M
E	V	C	T	R	I	C	K	S	E	N	G	Z	W	E	C	K	S	L
C	L	P	X	S	C	H	N	U	R	S	T	R	A	C	K	S	G	F
K	G	L	U	C	K	S	E	N	H	Ä	C	K	S	E	L	N	X	H
S	M	U	C	K	S	M	Ä	U	S	C	H	E	N	S	T	I	L	L

1 Markiere die cks-Wörter mit unterschiedlichen Farben.

_____

_____

_____

2 Schreibe die Wörter richtig auf.

Der Stürmer _____ den Verteidiger aus. In der Kirche ist

es _____. _____ rennt

Andrea nach Hause. Paul _____ die Gartenabfälle. Der Füller

macht einen _____. Der Ast _____ unter den Füßen.

3 Welche Wörter passen in die Sätze? Ergänze sie.

Ich kann Merkwörter mit cks schreiben.   ☺ ☺ ☻ ☹

– Rechtschreibstrategien verwenden: Merkwörter üben
– rechtschreibwichtige Wörter normgerecht schreiben
– Übungsformen selbstständig nutzen

– SB, Seite 85

Wörter mit ai üben

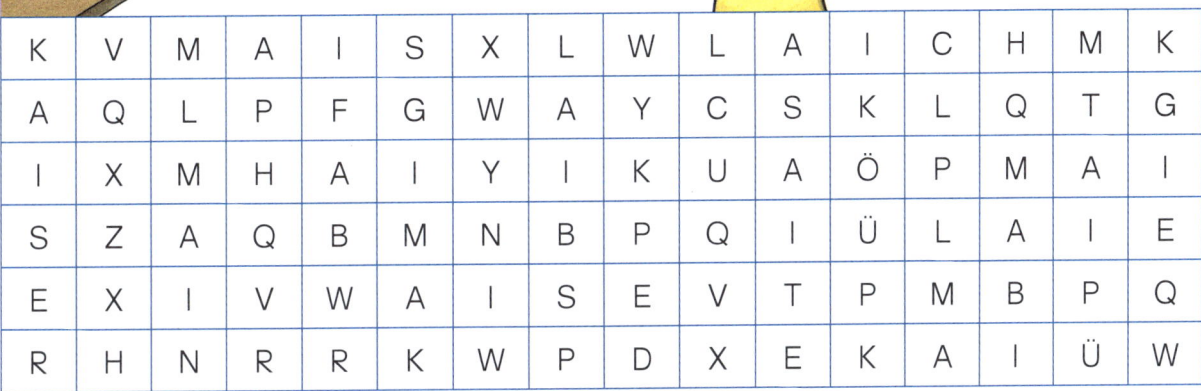

Was ist das Besondere an Wörtern mit ai?

Die Wörter mit ai musst du dir gut merken. Übe sie regelmäßig.

K	V	M	A	I	S	X	L	W	L	A	I	C	H	M	K
A	Q	L	P	F	G	W	A	Y	C	S	K	L	Q	T	G
I	X	M	H	A	I	Y	I	K	U	A	Ö	P	M	A	I
S	Z	A	Q	B	M	N	B	P	Q	I	Ü	L	A	I	E
E	X	I	V	W	A	I	S	E	V	T	P	M	B	P	Q
R	H	N	R	R	K	W	P	D	X	E	K	A	I	Ü	W

1 Markier die ai-Wörter mit unterschiedlichen Farben.

_____

_____

_____

2 Schreibe die ai-Wörter auf.

- -

Herrscher		Kind ohne Eltern	
Monat		Teil der Gitarre	
Froscheier		nicht laut	
Form eines Brotes		Getreidepflanze	
kein Fachmann		Raubfisch	

3 Welche Wörter sind gesucht? Schreibe sie auf.

Achtung, ein Wort wird nicht mit ai geschrieben.

Ich kann Merkwörter mit ai schreiben.

– Rechtschreibstrategien verwenden: Merkwörter üben
– rechtschreibwichtige Wörter normgerecht schreiben
– Übungsformen selbstständig nutzen

– SB, Seite 97

17

Wörter mit Dehnungs-h üben

"Wann schreibt man manchmal ein h vor l, m, n oder r?"

"Das Dehnungs-h schreibt man bei diesen Wörtern nach dem langen Vokal."

Dehnungs-h nur vor l, m, n, r

stehlen	Kahn	wahr	sehr	zählen	Rahm
Sahne	Lohn	hohl	wehren	Strähne	lehnen

1 Schreibe die Wörter richtig auf. Markiere hl, hm, hn und hr.

2 Zu welchen Wörtern findest du Reimwörter mit Dehnungs-h? Schreibe sie auf.

"Kontrolliere mit dem Wörterbuch!"

3 Welche Wörter werden mit Dehnungs-h geschrieben? Kreuze sie an.

Ich kann Merkwörter mit Dehnungs-h schreiben.

– Rechtschreibstrategien verwenden: Merkwörter üben
– rechtschreibwichtige Wörter normgerecht schreiben
– Übungsformen selbstständig nutzen

– SB, Seite 108, 111
– ÜH, Seite 71, 74

Wörter mit C/c üben

Was ist das Besondere an Wörtern mit C/c?

Die Wörter mit C/c musst du dir gut merken. Manchmal klingt das c am Anfang wie k oder wie z.

C	L	O	W	N	C	A	M	P	E	N	C	R	E	M	E
X	C	F	L	C	L	E	V	E	R	Ü	Q	V	F	C	P
C	I	C	L	I	P	X	C	O	U	S	I	N	X	O	W
E	T	C	O	M	P	U	T	E	R	D	H	K	L	O	Y
N	Y	X	C	L	U	B	W	C	A	B	R	I	O	L	Ä
T	C	A	F	E	C	O	M	I	C	C	A	R	L	O	S

(1) Wo klingt das c wie k, wo wie z? Markiere mit unterschiedlichen Farben.

· ·

c klingt wie k: _____

_____

_____

c klingt wie z: _____

_____

_____

(2) Sortiere die Wörter und schreibe sie richtig auf.

Ich kann Merkwörter mit C/c schreiben.

– Rechtschreibstrategien verwenden: Merkwörter üben
– rechtschreibwichtige Wörter normgerecht schreiben
– Übungsformen selbstständig nutzen

– SB, Seite 121

19

Nomen erkennen und großschreiben

Woran erkenne ich Nomen?

Verwende die Nomenproben!

Nomenproben
- Ist es ein Name für Menschen, Tiere, Pflanzen, Dinge **oder** Gedanken, Ideen, Gefühle, Zustände?
- Gibt es eine Einzahl und Mehrzahl?
- Führt es einen Artikel: der, die, das, ein, eine?

| lob | bruder | schmerz | vor | kälte | tanja | angst | träume | lustig | stuhl |
| pinguin | ahnung | pech | unter | trampelt | palme | käse | jetzt | pilot |

1 Welche Wörter sind Nomen? Markiere sie.

	Mensch, Tier, Pflanze, Ding, Gedanke, Idee, Gefühl, Zustand	Einzahl – Mehrzahl **ein – viele**	Artikel **der, die, das, ein, eine**
vorschlag	Idee	ein Vorschlag – viele Vorschläge	der Vorschlag, ein Vorschlag
windig			
tanne			
einfall			
esel			
tänzer			
not			
höhe			
freude			

2 Welche Wörter sind Nomen? Schreibe sie wie im Beispiel auf.

3 Markiere die großen Anfangsbuchstaben.

Ich kann Nomen erkennen und großschreiben.

– Rechtschreibstrategien verwenden: Nomen großschreiben
– grammatisches Wissen für Großschreibung nutzen
– Nomen erkennen und bestimmen

– SB, Seite 12, 15
– ÜH, Seite 7, 10

Nomenprobe mit dem Adjektiv anwenden

Manchmal steht vor dem Nomen kein Artikel. Wie erkenne ich es dann?

beim Essen
→ beim fröhlichen Essen

Vor jedes Nomen kannst du ein Adjektiv setzten.

Paul isst Eis.	frischen
Mats verkauft Saft.	aufregende
Die Kinder haben Spaß.	leckeres
Lara denkt an Abenteuer.	großen

1 Markiere die Namen und Nomen in den Sätzen.

_____

_____

_____

2 Erweitere die Sätze mit einem passenden Adjektiv vor dem Nomen.

Der alte carlos sammelt komische dinge. Er hat ein verstaubtes radio. Das alte Gerät funktioniert noch. In der großen garage steht ein alter traktor. Heute düst er damit über buckelige feldwege und grüne wiesen. Ein tolles abenteuer!

_____

_____

_____

3 Schreibe den Text richtig auf.

Ich kann Nomen erkennen und großschreiben.

– Rechtschreibstrategien verwenden: Nomen großschreiben
– grammatisches Wissen für Großschreibung nutzen
– Nomen erkennen und bestimmen

– SB, Seite 124
– ÜH, Seite 80

21

Satzanfänge erkennen und großschreiben

Woran erkenne ich einen Satz?

Satzanfänge schreibt man groß. Am Satzende stehen: . ! ?

Hereinspaziert! Hier ist die SV-Arena. Wir begrüßen alle zum Spiel des SV Dahl.

Wo sind die Spieler? Da kommen sie. Kapitän Aaron macht den Anstoß.

Wohin schießt Stürmer Jonah? Hoppla! Der Torwart schläft. Der Ball zappelt

im Netz. Hurra! Der SV Dahl führt 1:0.

(1) Unterstreiche die Aussagesätze, Aufforderungen/Ausrufe und Fragesätze in unterschiedlichen Farben.

(2) Markiere die Satzanfänge und die Satzschlusszeichen.

nach dem Spiel freuen sich die Fußballer des SV Dahl warum weil alle

eine gute Leistung gezeigt haben niemand hat sich verletzt prima das ist

ein Grund zur Freude wo ist Marlon er holt Apfelschorle hurra jeder

bekommt eine Flasche die Kicker sitzen noch lange zusammen

(3) Unterstreiche die Aussagesätze, Aufforderungen/Ausrufe und Fragesätze in unterschiedlichen Farben.

(4) Ergänze die Satzschlusszeichen und schreibe die Satzanfänge groß.

Ich kann Satzanfänge erkennen und großschreiben.

– Satzanfänge großschreiben
– Rechtschreibwissen anwenden
– Zeichensetzung beachten

– SB, Seite 13, 15
– ÜH, Seite 7, 10

Wörtliche Rede mit vorangestelltem Begleitsatz anwenden

Der vorangestellte Begleitsatz endet mit einem Doppelpunkt und erklärt, wer spricht.

Was jemand spricht, ist die wörtliche Rede, sie steht in Anführungszeichen.

Mia ruft: „Es gibt Limo!"

Auf geht's ins Kino!

Ich freue mich schon.

Der Film ist prima.

Gibt es auch Popcorn?

Mats ruft   Auf geht's ins Kino   Lisa sagt   Ich freue mich schon
Andre meint   Der Film ist prima   Birte fragt   Gibt es auch Popcorn

1 Unterstreiche die wörtliche Rede blau und setze die Anführungszeichen.

2 Unterstreiche die Begleitsätze rot und setze den Doppelpunkt.
Ergänze die Satzzeichen.

Eddy ruft Wandern ist toll! Aaron fragt Sollen wir Pause machen? Jonah und Marlon jubeln im Chor Da ist eine Bank! Eddy meint Das Picknick kann starten Aaron lacht Wanderungen sind toll, Pausen aber noch besser!

3 Schreibe den Text richtig auf.
Denke an Doppelpunkt und Anführungszeichen.

Ich kann die wörtliche Rede mit vorangestelltem Begleitsatz anwenden.

– Zeichensetzung beachten:
wörtliche Rede mit vorangestelltem Begleitsatz
– Sprachwissen für Zeichensetzung nutzen

– SB, Seite 35, 36, 39
– ÜH, Seite 22, 23, 26

23

Wörtliche Rede mit nachgestelltem Begleitsatz anwenden

Der nachgestellte Begleitsatz wird mit Komma abgetrennt.

„Ich mag Möhren", meint Chris.
„Es gibt Limo!", ruft Mia.
„Wo ist Paul?", fragt Lisa.

Achte auf den Aussagesatz in der wörtlichen Rede. Da entfällt der Punkt.

Auf geht's ins Kino!

Ich freue mich schon.

Der Film ist prima.

Gibt es auch Popcorn?

Auf geht's ins Kino   ruft Mats   Ich freue mich schon   sagt Lisa
Der Film ist prima   meint Andre   Gibt es auch Popcorn   fragt Birte

---

1 Unterstreiche die wörtliche Rede blau.
Setze die Satzschlusszeichen und die Anführungszeichen.

2 Unterstreiche die Begleitsätze rot. Trenne sie mit Komma von
der wörtlichen Rede ab und setze den Punkt am Ende des Begleitsatzes.

- -

Wandern ist toll! ruft Eddy Sollen wir Pause machen? fragt Aaron Da ist
eine Bank! jubeln Jonah und Marlon im Chor Das Picknick kann starten
meint Eddy Wanderungen sind toll, Pausen aber noch besser! lacht Aaron

_____

_____

_____

_____

3 Schreibe den Text richtig auf. Denke an alle Satzzeichen.

Ich kann die wörtliche Rede mit
nachgestelltem Begleitsatz anwenden.

– Zeichensetzung beachten:
wörtliche Rede mit nachgestelltem Begleitsatz
– Sprachwissen für Zeichensetzung nutzen

– SB, Seite 35, 36, 39
– ÜH, Seite 22, 23, 26